AF371030

Bibliothèque Populaire

DE NANTES

Quai Fosse, 39

STATUTS ET RÉGLEMENTS

Prix : 25 centimes.

NANTES

IMPRIMERIE ADMINISTRATIVE DE PAUL PLÉDRAN

Quai Cassard, 5, près le pont d'Orléans.

1874

ALLOCUTION DE M. RÉCIPON

PRÉSIDENT

A l'ouverture de la Réunion générale fin décembre 1873

MESSIEURS,

La puissance et la grandeur des nations est en raison directe de leur niveau intellectuel. Plus un peuple est instruit, plus ce peuple est grand. Laisser le peuple dans l'ignorance, c'est, non seulement manquer de patriotisme, mais c'est encore devenir traître à son pays ; car l'homme qui s'oppose à l'instruction du peuple est l'ennemi de la prospérité nationale. Pour se convaincre de ces vérités, on a qu'à parcourir l'histoire ancienne et moderne.

En un mot, la grandeur d'une nation ne dépend pas du nombre de ses habitants ; la grandeur d'une nation dépend de la valeur de ses citoyens. Faire des citoyens, préparer l'homme à jouer dignement son rôle dans le grand concert social, développer son intelligence pour le disposer à rendre, dans la limite de ses aptitudes, les plus grands services à la société, tel est le but que doivent poursuivre ceux qui aiment sincèrement le peuple et leur patrie.

Après les désastres épouvantables que vient de subir notre pauvre et malheureux pays, tous ceux qui ont un peu de patriotisme ont compris, je dirai ont senti, que notre patrie ne se relèverait qu'à une condition : c'est à la condition que le peuple reçoive une instruction forte et progressive.

Il faut que le citoyen ait une idée nette et juste de tout ce qui l'entoure.

Il faut que, convaincu de sa propre valeur et de sa dignité, il ne soit jamais disposé à subir un joug tyrannique, quel qu'il puisse être ; à se laisser imposer une doctrine, quelle qu'elle soit.

Confiant dans sa propre énergie, il faut qu'il possède un esprit sain pour juger tout avec indépendance.

Libre et fier, il faut qu'il sache qu'il ne doit supporter que deux jougs : ceux de la justice et de la vérité.

La France est, parmi les nations, une des moins instruites : c'est là sa faiblesse, c'est là la cause de ses défaites.

Qui oserait nier que l'intelligence du peuple est le capital le plus considérable d'une nation ? Le cerveau de l'homme n'est-il pas le grand atelier où se fabriquent et se perfectionnent tous les instruments de travail qui font la fortune et la prospérité des nations ?

Laisser improductif ce capital sans lequel tous les

autres ne sont rien, n'est-ce pas commettre un crime de lèse-humanité ?

Pour relever la France, pour lui faire reprendre le premier rang qu'elle a occupé tant qu'elle était à la tête du progrès et de la civilisation, il faut élever le niveau moral des citoyens français. Instruire le peuple, n'est pas lui apprendre à lire et à écrire.

Instruire l'homme, c'est lui apprendre à penser ; c'est développer son intelligence, et, par conséquent, mettre en sa possession la force qui lui permettra, non-seulement de combattre la misère, mais encore de faire sa patrie grande et prospère.

L'ignorance est le grand fléau public auquel la société doit la plus grande partie des maux qu'elle souffre.

Qui n'a cependant entendu des pères dire de leurs fils : « Ils en sauront bien assez ! »

Qui n'a entendu de prétendus penseurs s'écrier : « Il n'est pas bon que ces gens-là en sachent tant ! »

Les premiers ne sont que des sots, disposés à médire de ce qu'ils ignorent ; les seconds sont des égoïstes qui redoutent les dangers que la diffusion des lumières peut faire courir aux positions injustement acquises, et conservées par l'ignorance des masses.

Il y a, Messieurs, dans la suppression de l'ignorance, un immense intérêt de conservation sociale. Tout peuple ignorant est un nuage qui commence à fondre au soleil de l'avenir.

Donc, guerre sans trêve à l'ignorance !

Tel est le cri qui a retenti d'un bout de la France à l'autre, aussitôt signé le triste et pénible traité de paix qui nous fut imposé par nos vainqueurs.

La France avait compris que l'ignorance est toute sa faiblesse, et, de tous les côtés, s'élevèrent des écoles, des bibliothèques populaires.

Le livre prit la place du fusil. Lire, c'est s'instruire ! Ce fut un mouvement unanime.

A Nantes, un groupe de citoyens, au commencement de 1872, suivit ce patriotique exemple, et fit appel aux sentiments généreux et libéraux des habitants de notre ville. Cet appel ne resta pas sans écho; on y répondit avec empressement, et, en mars 1872, notre Bibliothèque populaire fut définitivement fondée.

Nous devons rappeler ici les noms de nos généreux fondateurs ou donateurs ; car, grâce à leur concours, nous avons pu jeter rapidement les premières bases de cette œuvre essentiellement populaire.

Nous sommes heureux et vous devez être fiers, Messieurs, de constater que cette œuvre, qui est la vôtre, a prospéré au-delà de nos espérances. En un an, nous avons vu le nombre de nos Sociétaires s'accroître considérablement.

La Bibliothèque, qui a à peine 21 mois d'existence, compte aujourd'hui près de 1,400 Membres.

A quoi doit-on attribuer ce succès prodigieux qui nous a transportés de joie et de bonheur ?

On ne peut, Messieurs, l'attribuer qu'au réveil de la nation et au bon sens des travailleurs.

Vous avez compris, Messieurs, que la Bibliothèque populaire, qui a pour but d'offrir aux travailleurs les éléments nécessaires à leur instruction, doit être le complément indispensable de l'école primaire.

Savoir lire et écrire n'est que, comme vous le savez, posséder les moyens de s'instruire.

Notre Bibliothèque, en dehors des nombreux ouvrages scientifiques, littéraires, économiques et philosophiques, a pu organiser des cours gratuits de comptabilité, de dessin linéaire et de dessin artistique, grâce au dévouement de quelques Membres auxquels je suis heureux d'adresser mes vifs et sincères remercîments.

Nous devons, Messieurs, être fiers de posséder des hommes qui n'ont que quelques instants de repos, et qui les consacrent à l'instruction du peuple.

Notre œuvre va progressant de jour en jour, et nous n'avons rien à désirer, si ce n'est la continuation de ce noble et grand mouvement.

Continuons, Messieurs, à combattre l'ignorance en propageant cette œuvre, qui est une œuvre de régénération sociale. L'instruction, soleil des sociétés modernes, fera disparaître les ténèbres, qui ne traînent après elles que honte, souffrance et misère.

L'ère ancienne s'est fermée, et, grâce à la lumière qui répandra ses rayons sur le monde entier, l'ère nouvelle sera une ère de prospérité, de paix et de liberté.

Bibliothèque Populaire.

STATUTS

ARTICLE PREMIER.

Une Bibliothèque populaire est fondée à Nantes, quai de la Fosse nº 39, par voie de coopération.

Le siége de la Société est au local même de la Bibliothèque.

ARTICLE 2.

Cette Bibliothèque ouvrira ses salles de lecture aux sociétaires et à leurs familles. Un règlement intérieur fixera les détails d'exécution.

ARTICLE 3.

Sont sociétaires, sous les conditions ci-après indiquées à l'art. 4 :

1º Les souscripteurs qui s'engagent pour une année, à partir du 1er du mois dans lequel ils sont entrés, à payer

entre les mains du trésorier une somme de VINGT - CINQ CEN-
TIMES par mois, payable d'avance.

2° Les fondateurs, qui versent un capital une fois payé de
CENT FRANCS au moins.

ARTICLE 4.

Toute personne se présentant comme sociétaire devra être
proposée par deux sociétaires au moins. Son nom, avec ceux
des présentateurs, ainsi que le numéro de leur carte, sera
affiché pendant huit jours dans la salle principale de la Bibliothèque.

Après ces huit jours d'affichage, la Commission administrative prononcera, au scrutin secret, l'acceptation ou le rejet
du membre proposé. L'acceptation est de droit si aucune op-
position ne s'est produite.

Pour être accepté, il faudra avoir réuni les deux tiers des
suffrages exprimés. Les bulletins blancs seront considérés
comme nuls.

ARTICLE 5.

Tous les sociétaires ont les mêmes droits et délibèrent au
même titre.

ARTICLE 6.

Tout sociétaire en retard de plus de trois mois pour le
paiement de sa cotisation pourra être rayé.

ARTICLE 7.

La radiation d'un membre pourra être prononcée par une

Assemblée générale, sur la demande de la Commission administrative.

ARTICLE 8.

Une Commission administrative de 20 membres, choisis
dans la Société, sera nommée à la fin de décembre de
chaque année, par l'Assemblée générale des sociétaires. En
cas de démission d'un ou de plusieurs des membres élus, ces
membres seront remplacés par ceux qui auront obtenu le
plus de voix à partir du dernier élu.

ARTICLE 9.

La Commission administrative élira elle-même dans son
sein un président, un ou plusieurs vice-présidents, ses secrétaires, ses trésoriers et ses bibliothécaires.

ARTICLE 10.

Les votes de la Commission administrative ne sont valables
que si le nombre des membres présents est au moins 7.

ARTICLE 11.

Les fonctions de la Commission administrative consistent
dans l'établissement du budget de chaque année, le choix
des ouvrages qui doivent figurer sur le catalogue, l'élabora-
tion des règlements intérieurs, enfin dans tous les actes ad-
ministratifs de la Société. Le règlement intérieur de la Bibliothèque sera soumis à l'Assemblée générale. A chaque

Assemblée générale annuelle, la Commission sortante présentera le compte-rendu de l'année écoulée.

ARTICLE 12.

Le président par délégation de la Commission représente la Société dans tous ses agissements extérieurs. Il a toujours le droit de se faire remettre les livres du trésorier, du secrétaire et du bibliothécaire, sauf à en donner récépissé. En cas d'absence ou d'empêchement du président, les vice-présidents le remplacent dans toutes ses attributions.

ARTICLE 13.

Les ressources de la Société sont les suivantes :
1° LE PRODUIT DES SOUSCRIPTIONS ANNUELLES ;
2° LE PRODUIT DES FONDATIONS ;
3° LES DONS EN ARGENT ;
4° LES DONS EN LIVRES ;
5° LES PRÉTS DE LIVRES A TITRE GRATUIT, FAITS A LA BIBLIOTHÈQUE POUR UNE ANNÉE AU MOINS.

Le produit des cotisations, dons, fondations, etc., ne pourra être employé qu'à l'entretien ou à l'amélioration de la Bibliothèque.

ARTICLE 14.

Une Assemblée générale des sociétaires aura lieu le dernier dimanche des mois de juin et de décembre. Toute demande signée par le dixième au moins des membres sociétaires et tendant à la convocation d'une Assemblée générale, obligera la Commission administrative à convoquer cette Assemblée dans le délai d'un mois au plus. La Commission pourra en outre convoquer une Assemblée générale toutes les fois qu'elle le jugera utile.

ARTICLE 15.

Les décisions de l'Assemblée générale ne seront exécutoires qu'autant qu'elles auront réuni les deux tiers des voix des membres présents.

ARTICLE 16.

La Commission administrative fera elle-même son réglement intérieur.

ARTICLE 17

Les présents Statuts ne pourront être révisés qu'en Assemblée générale.

RÈGLEMENT INTÉRIEUR DE LA BIBLIOTHÈQUE.

ARTICLE PREMIER.

La Bibliothèque est ouverte tous les jours de QUATRE A DIX HEURES DU SOIR pour les journaux et DE SEPT HEURES A DIX HEURES DU SOIR pour les livres, et les dimanches et jours de fêtes DE NEUF HEURES DU MATIN A MIDI, et DE DEUX HEURES A DIX HEURES DU SOIR.

ARTICLE 2.

Tout membre, pour être admis, devra être muni de sa carte personnelle, qui lui sera délivrée par la commission.

ARTICLE 3.

Tous les sociétaires auront le droit d'amener leurs femmes et leurs enfants. Ils pourront amener aussi des personnes étrangères présentées par eux, mais pendant huit jours seulement.

ARTICLE 4.

Le bibliothécaire et ses adjoints, ou des commissaires désignés par eux, pourront seuls distribuer des livres, lesquels ne seront prêtés que sur présentation de la carte personnelle.

Article 5.

Tout volume souillé, taché d'encre ou de graisse, écorné ou privé d'une de ses pages, sera remplacé aux frais du lecteur qui l'aura détérioré.

Article 6.

La Commission pourra désigner des commissaires chargés de maintenir l'ordre dans les salles de lecture.

Article 7.

Le catalogue devra être déposé dans la salle du prêt de livres.

Article 8.

Deux registres permanents sont ouverts dans le local de la Bibliothèque pour recevoir : l'un, les demandes d'ouvrages que les sociétaires désireraient lire et que la Bibliothèque ne posséderait pas ; l'autre, pour inscrire les observations que chaque membre pourait avoir à faire.

La Commission, dans chacune de ses séances régulières, devra prendre connaissance de ces deux registres et discuter les observations qui y seraient contenues.

Article 9.

Toute demande qui semblerait à ses auteurs présenter un intérêt général et nécessiter une délibération d'urgence, devra être revêtue de cinq signatures, adressée au président et remise au gardien de la Bibliothèque.

Le gardien fera parvenir immédiatement cette demande au président, ou, à son défaut, à l'un des vice-présidents, lequel sera tenu de convoquer dans le plus bref délai possible, le trésorier, le secrétaire et le bibliothécaire, ou à leur défaut, un de leurs adjoints, afin de délibérer sur l'urgence ; dans le cas où l'urgence serait décidée, sur la convocation du président, transmise par les secrétaires, la Commission administrative devra se réunir le plus tôt possible en séance extraordinaire pour discuter la proposition.

ARTICLE 10.

Un récépissé sera remis à toute personne qui prêtera des livres.

ARTICLE 11.

Les procès-verbaux de la Commission seront insérés dans un registre qui sera à la disposition de tous les membres de la Société.

ARTICLE 12.

Le présent Réglement sera imprimé et publié en brochure, ainsi que les Statuts et le réglement intérieur de la Commission, et chaque membre de la Société devra en recevoir un exemplaire, à raison de VINGT-CINQ CENTIMES lors de son admission.

ARTICLE 13.

Il sera aussi affiché dans les salles de lecture.

RÉGLEMENT POUR LE PRÊT DES LIVRES.

ARTICLE PREMIER

La Bibliothèque populaire prête des ouvrages à tous les sociétaires sur la présentation de leurs cartes.

ARTICLE 2.

Le prêt des livres aura lieu le dimanche DE NEUF HEURES A ONZE HEURES DU MATIN, et DE DEUX HEURES A QUATRE HEURES DU SOIR ; le mercredi DE SEPT HEURES A DIX HEURES DU SOIR, au local de la Bibliothèque, quai de la Fosse, 39.

ARTICLE 3.

Nul ne peut emporter plus d'un volume à la fois, ni le garder plus de trois semaines en sa possession.

Tout retard est puni d'une amende de vingt-cinq centimes par semaine.

ARTICLE 4.

Les jours de remise des livres sont les mêmes que les jours des prêts.

ARTICLE 5.

Les livres devront être remis entre les mains d'un bibliothécaires qui en constatera immédiatement l'état.

Toutes les dégradations aux ouvrages qui proviendraient

du fait des lecteurs seraient mises à la charge de ceux-ci. Le bibliothécaire pourra, dans ce cas, laisser le livre entre les mains du lecteur, en exigeant de celui-ci remplacement immédiat. Le lecteur pourrait réclamer que la question fût portée devant la Commission.

ARTICLE 6.

Les lecteurs qui auraient gardé des volumes au-delà du temps prescrit ou les auraient détériorés, pourront être exclus, par la Commission, du droit de profiter des prêts de livres.

ARTICLE 7.

Le présent Réglement sera imprimé, et collé à la première page des livres prêtés.

RÉGLEMENT INTÉRIEUR DE LA COMMISSION.

Article premier

La Commission devra se réunir le DEUXIÈME ET LE QUA-
TRIÈME LUNDI de chaque mois, à huit heures du soir.

Article 2.

Des séances extraordinaires pourront en outre avoir lieu,
en exécution de l'article 9 du Réglement intérieur.

Article 3.

Le président a le droit de convoquer la Commission admi
nistrative en séance extraordinaire.

Article 4.

Les membres de la Commission devront se rendre aux
réunions régulières de chaque quinzaine, réglées par l'article 1er, sans attendre une convocation.

Article 5.

Les sujets de discussion qui sembleraient offrir une certaine
gravité devront être traités de préférence à la réunion du
quatrième lundi de chaque mois.

ARTICLE 6.

Pour les séances extraordinaires, qui auront lieu en vertu de l'article 9 du Réglement intérieur de la Bibliothèque, les secrétaires devront convoquer chacun des membres de la Commission.

ARTICLE 7.

Tout membre qui, sans raisons adressées à la Commission et reconnues valables par elle, aura manqué à trois séances consécutives, pourra être considéré comme démissionnaire ; avis lui en sera donné par le secrétaire, et il sera pourvu à son remplacement, conformément à l'article 8 des Statuts.

Le secrétaire devra en même temps prévenir le sociétaire ainsi appelé à faire partie de la Commission.

ARTICLE 8.

Des crédits seront alloués par la Commission au trésorier, au secrétaire et au bibliothécaire, pour être employés selon les décisions de la Commission.

De nouveaux crédits ne pourront être alloués qu'après justification de l'emploi des crédits précédents.

ARTICLE 9.

En cas de dissentiment entre le trésorier, le secrétaire ou le bibliothécaire, et leurs adjoints, sur une question afférente à la partie de l'administration qui leur incombe, la Commission sera appelée à se prononcer.

ARTICLE 10.

Le trésorier rendra compte à la Commission, dans chaque

séance régulière, de la situation de sa caisse et devra tenir ses livres à la disposition de la Commission.

ARTICLE 11.

Le bibliothécaire devra également rendre compte, dans les mêmes séances, de l'état de la Bibliothèque.

ARTICLE 12.

Dans le cas où le trésorier, le secrétaire ou le bibliothécaire ne croiront pas retirer de leurs adjoints toute l'aide à laquelle ils ont droit, ils en saisiront la commission, qui statuera sur le bien fondé de la demande, et avisera à remplacer, le cas échéant, l'adjoint qui se trouverait empêché de remplir ses fonctions.

Membres fondateurs-renteurs.

MM.

1. RÉCIPON, Négociant, Conseiller municipal, Vice-Président du Conseil d'arrondissement ;
2. NORMAND, Négociant, Conseiller général.

Membres fondateurs.

MM.

1. LUCAS DE PESLOUAN, Docteur en droit, Conseiller général ;
2. LAISANT, Capitaine du génie, Conseiller général ;
3. LE CERCLE FRANKLIN ;
4. FERRER, Avocat, Conseiller municipal ;
5. COLOMBEL, Avocat, Conseiller municipal ;
6. ERNEST, Négociant, Conseiller municipal ;
7. JOUSSEAUME, Conseiller municipal ;
8. ETIENNEZ, Conseiller municipal ;
9. GUÉPIN, Docteur, Conseiller municipal et général ;
10. LEGAL (Hipp.), Négociant, Conseiller municipal ;
11. LECHAT, Conseiller municipal, 1er adjoint au Maire de Nantes ;
12. FLORNOY, Armateur, Conseiller municipal ;
13. RIOM, Négociant, Conseiller municipal ;
14. LEGAL (Stanislas), Négociant ;
15. DUVAL, Filateur ;
16. BRISSONNEAU, Constructeur-Mécanicien ;
17. SARRADIN, Conseiller municipal, adjoint au Maire ;
18. VIAL, Négociant, Conseiller municipal ;
19. GARNIER, Conseiller municipal, adjoint au Maire.

Commission Administrative pour l'exercice 1874.

Président.

M. RÉCIPON, Négociant, Conseiller municipal, Vice-Président du Conseil d'arrondissement.

Vice-Présidents.

M. LAROQUE, Professeur au Lycée ;
M. FOUCHARD, Contre-Maître chaudronnier.

Trésorier.

M. CORBEL, Dessinateur-Mécanicien.

Trésorier-Adjoint.

M. HUMEL, Dessinateur.

Secrétaire.

M. GUYARD, Agent comptable de la Marine.

Secrétaires-Adjoints.

M. GUITTONNEAU, Professeur ;
M. LEBOUCHER, Marchand.

Bibliothécaire.

M. VELOPPÉ, Employé de Commerce.

Bibliothécaire-Adjoint.

M. CASTAY, Employé de Commerce.

Membres.

MM.

LENEVEU, Ingénieur ;
MOSSON, Couvreur ;
GUILBAUD, Mécanicien ;
LUCAS DE PESLOUAN, Docteur en droit, Conseiller gé-
néral ;
SUIRE, Typographe ;
TAINGUY, Ajusteur ;
THOUREL, Serrurier ;
DUFOURG, Menuisier ;
BARBE, Tailleur.

10233 — Nantes, Imprimerie administrative de Paul Plédran, quai Cassard, 5.